MARVEL

SPID

MON HISTOIRE du soir

Gare à la Veuve Noire !

Spider-Man se balance d'un bâtiment à l'autre. Pour une fois, il n'a aucun criminel à arrêter. Il savoure sa promenade au-dessus des rues de New York quand soudain, il repère un visage familier en contrebas.

Il s'agit de la Veuve Noire, l'une des membres des Avengers !

– Qu'est-ce que tu fais dans le coin ? lui demande Spider-Man en atterrissant à ses côtés.

Il remarque que la jeune femme fixe la Tour des Avengers.

– J'aimerais les revoir, soupire-t-elle.
Spider-Man est surpris : contrairement à lui, la Veuve Noire appartient aux Avengers. Alors, pourquoi... ne pourrait-elle pas les voir ? Mais il se dit qu'il n'est peut-être pas au courant de tout.

– Pourrais-tu m'emmener à la Tour ?
le supplie la Veuve Noire.
Toujours prêt à rendre service, Spider-Man accepte.
La jeune femme s'accroche à son cou
et, ensemble, ils bondissent de toit en toit.

Une fois arrivés à la Tour, Spider-Man
place sa main sur le scanner près de la porte.
– Identité confirmée, dit une voix robotique.
Bienvenue, Spider-Man, invité des Avengers.
Les portes s'ouvrent. Aussitôt,
la Veuve Noire tente d'entrer.

– Ne devrais-tu pas aussi t'identifier ? intervient Spider-Man.
La Veuve Noire lui jette un regard glacial qui éveille sa méfiance.
– Bien sûr, se résout-elle en plaçant sa main sur le scanner.
Aussitôt, une alarme retentit.

Ce n'est pas la Veuve Noire !
L'usurpatrice détruit le scanner
à l'aide de ses armes de poignet.
– Ça suffit ! crie Spider-Man.
Il essaie de l'arrêter à l'aide d'une
toile d'araignée, mais elle l'esquive.

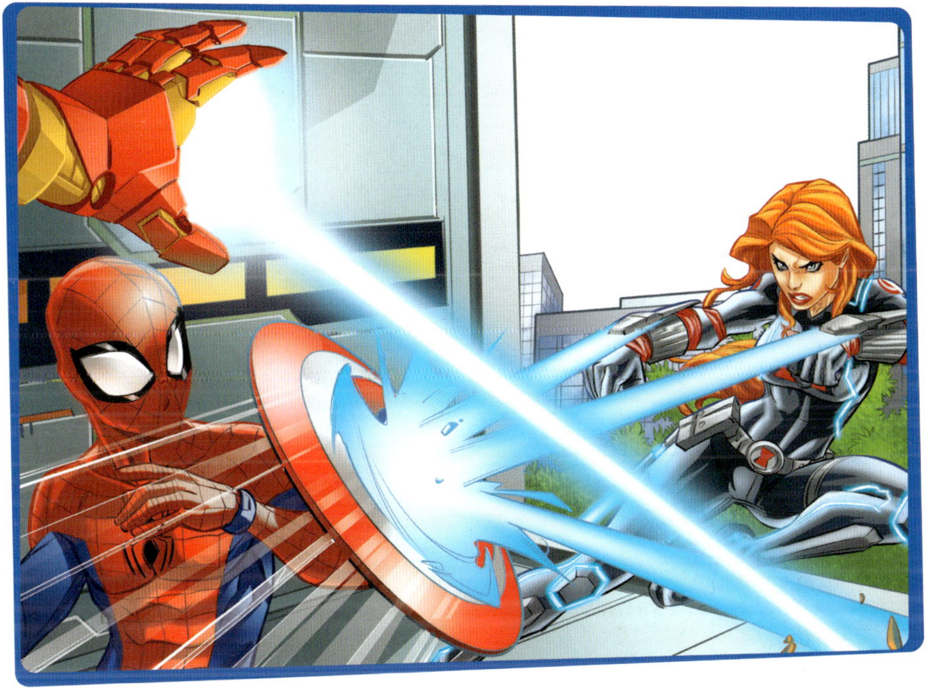

La fausse Veuve Noire s'efforce
ensuite de faire sauter les portes.
– Tu n'entreras pas ! riposte Spider-Man.
Alors qu'elle le vise de ses rayons laser,
un bouclier neutralise ses tirs et un éclair
d'énergie frappe le sol.

En levant les yeux, Spider-Man découvre deux de ses amis Avengers venus en renfort : Captain America et Iron Man !
– Prenez garde, ce n'est pas la Veuve Noire! les alerte Spider-Man.

– On est au courant, répond Captain America.
La vraie est en mission.
Pendant ce temps, l'usurpatrice repousse Iron Man.
– Si seulement tu m'avais laissée passer,
Spider-Stupide ! crie-t-elle en le visant à nouveau.

– Hors de question que je perde mon statut d'invité, plaisante Spider-Man en évitant les tirs. Iron Man plonge sur la fausse Veuve Noire, mais elle est trop rapide et s'accroche à son dos, ce qui l'empêche de la frapper.

Heureusement, Captain America lui lance son bouclier et la touche aux genoux, la faisant chuter au sol. Spider-Man l'enveloppe alors de toiles d'araignée.
– Il est temps de découvrir qui se cache sous ce masque ! déclare-t-il.

Lorsqu'il tire sur les cheveux qu'il prend pour une perruque, le corps entier de la fausse Veuve Noire se modifie. Il s'agit en réalité du Caméléon, un vilain capable de prendre n'importe quelle apparence !

Tandis qu'Iron Man procède
à son arrestation, Captain America
félicite Spider-Man.
– Bien joué, Spidey !
Tu seras toujours le bienvenu
dans la Tour des Avengers.
– Merci, vous avez les meilleurs
jeux vidéo de New York !

Près de 100 histoires
pour s'endormir en douceur.

Responsable éditoriale : Adélaïde Lebuy
Adaptation : Emmanuelle Caussé
Mise en page : Célia Cousty
Édition : Cécile Brochet
Graphiste : Pauline Ortlieb
Fabrication : Marine Wiplier

Édité par Hachette Livre – 58, rue Jean-Bleuzen – 92178 Vanves Cedex
Imprimé par Macrolibros en Espagne – Achevé d'imprimer : janvier 2021
ISBN : 978-2-01-711886-2 - Édition : 01 - Dépôt légal : janvier 2021

Loi n°49-956 du 16 juillet 1949 sur les publications destinées à la jeunesse

Pour tout renseignement concernant nos parutions, nous contacter par e-mail : disney@hachette-livre.fr

Pour l'éditeur, le principe est d'utiliser des papiers composés de fibres naturelles, renouvelables, recyclables et fabriquées à partir de bois issus de forêts qui adoptent un système d'aménagement durable. En outre, l'éditeur attend de ses fournisseurs de papier qu'ils s'inscrivent dans une démarche de certification environnementale reconnue.